ATLAS

DES

CAMPAGNES DE LA RÉVOLUTION FRANÇAISE

DE

M. A. THIERS

Liste Des Cartes

1. France, Nord et Est. — Belgique.
2. Bataille de Valmy. — Forêt de l'Argonne.
3. Bataille de Jemmapes.
4. Bretagne et Vendée.
5. Le Bocage et le Marais. — Quiberon.
6. Le Rhin.
7. Plan de Mayence.
8. Pyrénées orientales et occidentales.
9. Plan de Lyon.
10. Bataille d'Hondschoot .
11. Bataille de Wattignies.
12. Plan de Toulon.
13. Bataille de Nerwinde.
14. Carte de la Hollande.
15. Bataille de Fleurus.
16. Carte du Piémont et de la Lombardie.
17. Bataille de Montenotte et de Millesimo.
18. Plan de Mantoue. — Bataille de Saint-Georges et de la Favorite.
19. Plan de Strasbourg.
20. Carte de l'Italie.
21. Bataille de Castiglione.
22. Bataille d'Arcole.
23. Bataille de Rivoli.
24. Carte d'entre Pô et Danube.
25. Plan de Venise.
26. Plan de l'île de Malte.
27. Carte d'Égypte et de Syrie.
28. Bataille des Pyramides.
29. Bataille d'Aboukir (sur terre et sur mer.)
30. Bataille de Monthabor.
31. Carte de la Suisse.
32. Plan de Zurich.

PARIS. — J. CLAYE, IMPRIMEUR, RUE SAINT-BENOIT, 7

ATLAS

DES CAMPAGNES

DE LA

RÉVOLUTION

FRANÇAISE

DE

M. A. THIERS

DRESSÉ PAR TH. DUVOTENAY. — GRAVÉ PAR CH. DYONNET

PARIS

FURNE, JOUVET ET Cie, ÉDITEURS

45, RUE SAINT-ANDRÉ-DES-ARTS, 45

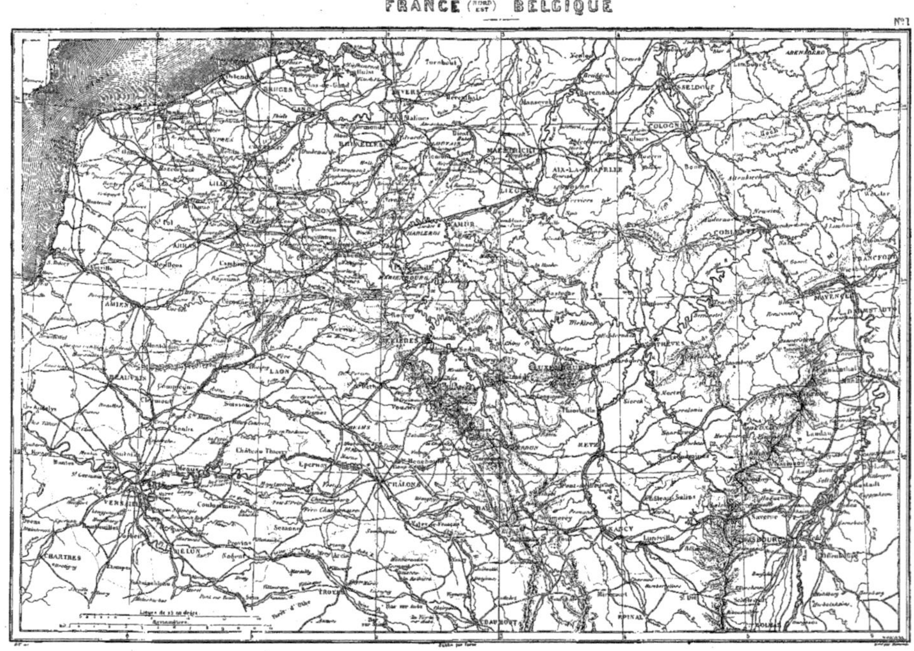

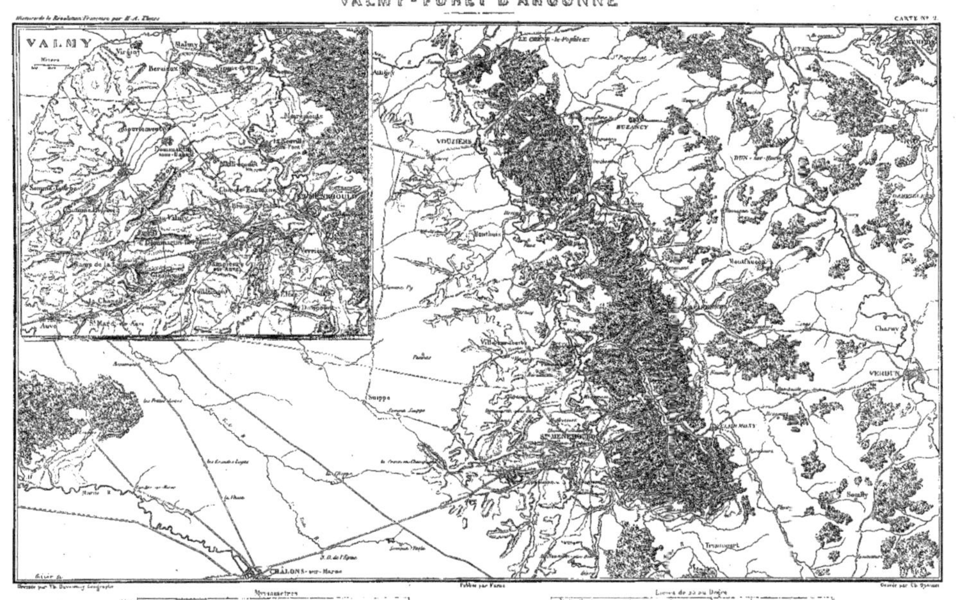
Histoire de la Révolution Française par M.A. Thiers
CARTE N° 2
VALMY
Dressée par Th. Duvotenay Géographe
Publiée par Furne
Gravée par Ch. Dyonnet

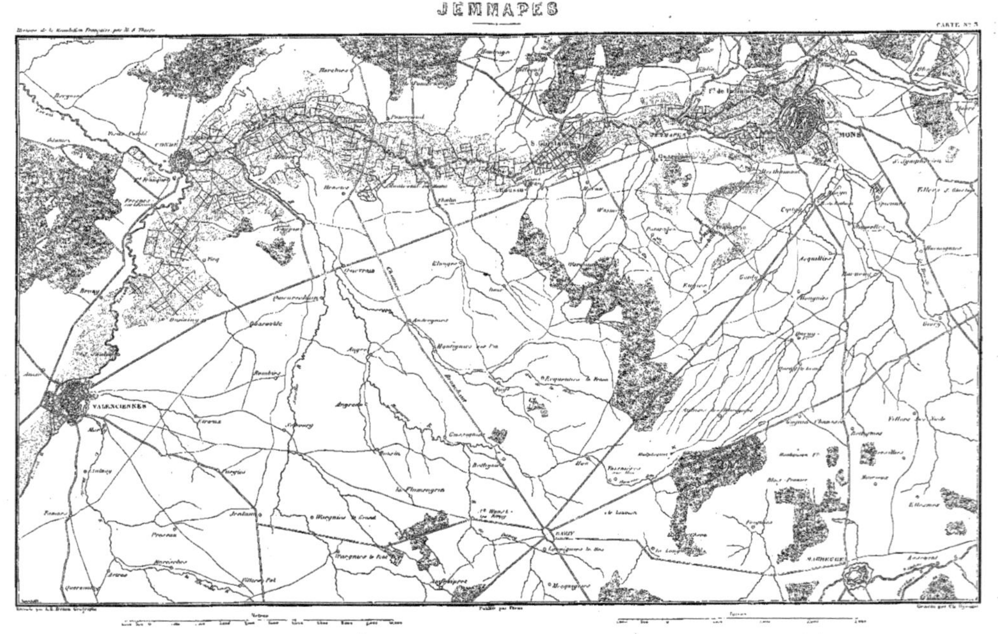

BRETAGNE ET VENDÉE

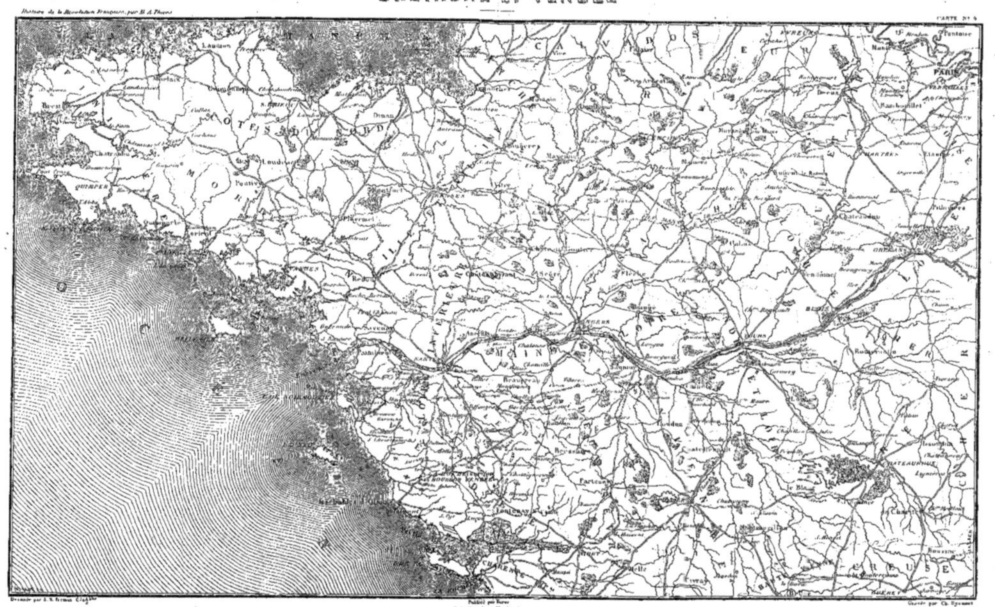

Histoire de la Révolution Française par M. A. Thiers
CARTE N°3
Myriamètres
Lieues de 25 au Degré
Publiée par Furne

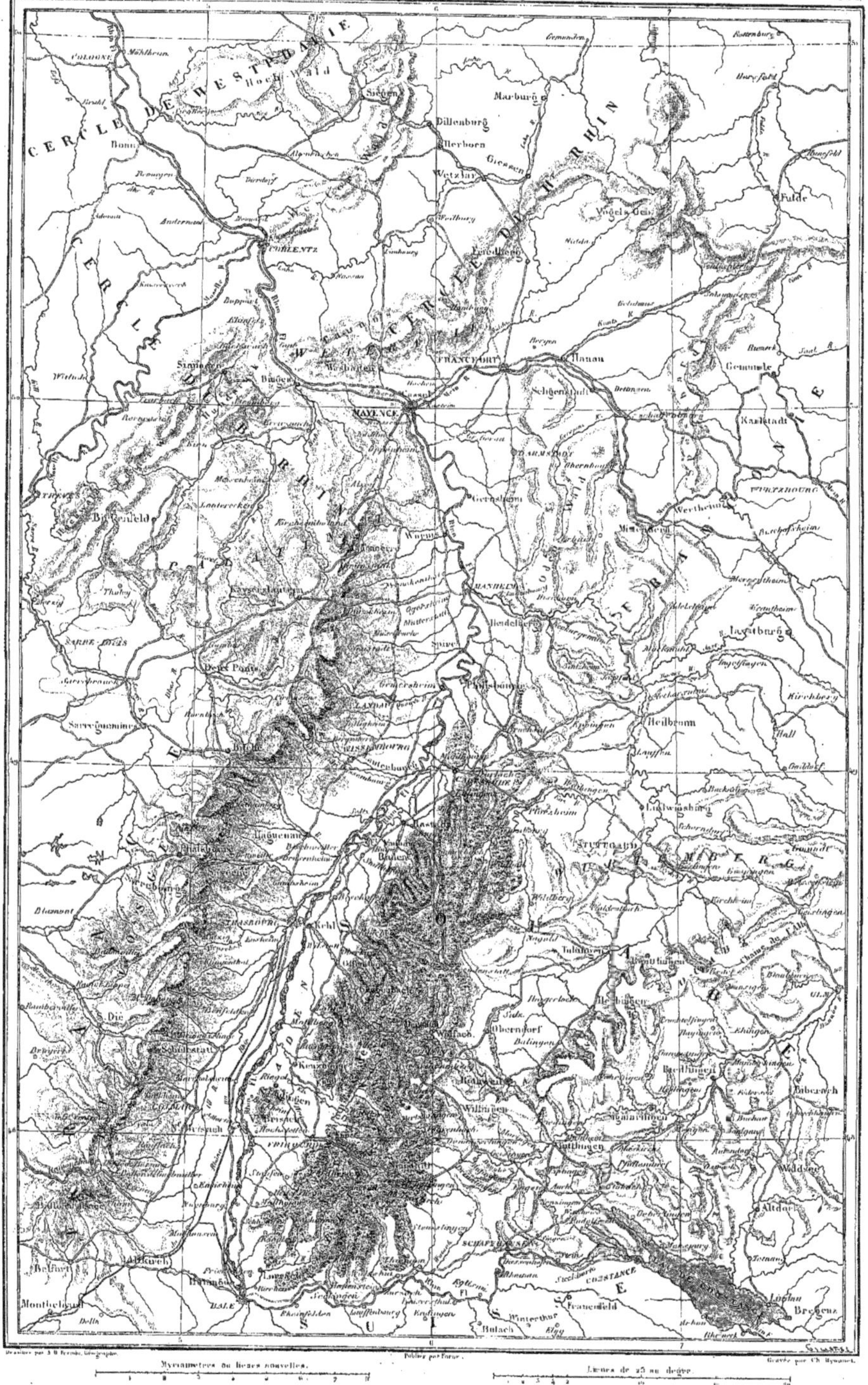

COLOGNE
CERCLE DE WESTPHALIE
Hoch Wald
Bonn
Siegen
Dillenburg
Marburg
Hersfeld
Fulde
Andernach
Vetzlar
Giessen
Vogel's Geb.
CERCLE DU BAS RHIN
COBLENZ
FRANCFORT
Hanau
Gemunde
Simmern
Bingen
MAYENCE
Kastadt
DARMSTADT
WURTZBOURG
Baden
Birkenfeld
Worms
MANHEIM
Heidelberg
FRANCONIE
Laubourg
Kayserslautern
Spire
Heilbronn
Hall
Deux Ponts
SARRE-MEUSE
Sarreguemines
WISSEMBOURG
Pforzheim
Ludwigsburg
STUTTGARD
BAS RHIN
Haguenau
Baden
WURTEMBERG
STRASBOURG
Kehl
Tubingen
Reutlingen
ULM
Die
Oberndorf
Balingen
Biberach
Schlestadt
Villingen
Tuttlingen
Weddigen
FRIBOURG
Donaueschingen
Altdorf
Belfort
SCHAFFHOUSE
CONSTANCE
Lindau
Bregenz
Montbéliard
BALE
SUISSE
Winterthur
Frauenfeld
Bulach

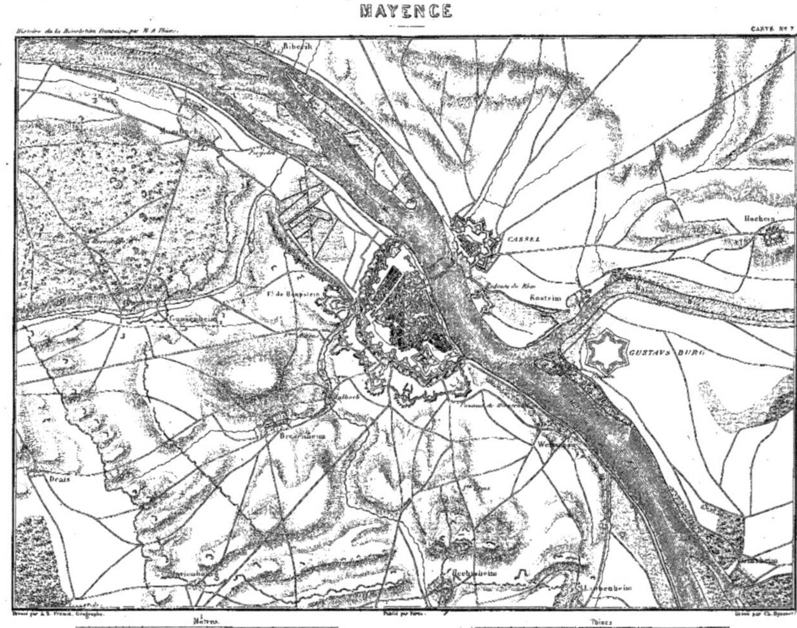

Histoire de la Révolution française, par M. A. Thiers.
CARTE N° 7
Biberik
CASSEL
Hochein
Fort de Montbein
Kostrim
Redoute du Rhin
Mombach
Ft de Hampstein
GUSTAVS BURG
Gonsenheim
Breckenheim
Weisenau
Drais
Rochheim
Mackein
Zahlbach
Laubenheim
Dressé par A. E. Fremin, Géographe.
Publié par Furne.
Thiers
Gravé par Ch. Dyonnet.
Mètres

PYRÉNÉES

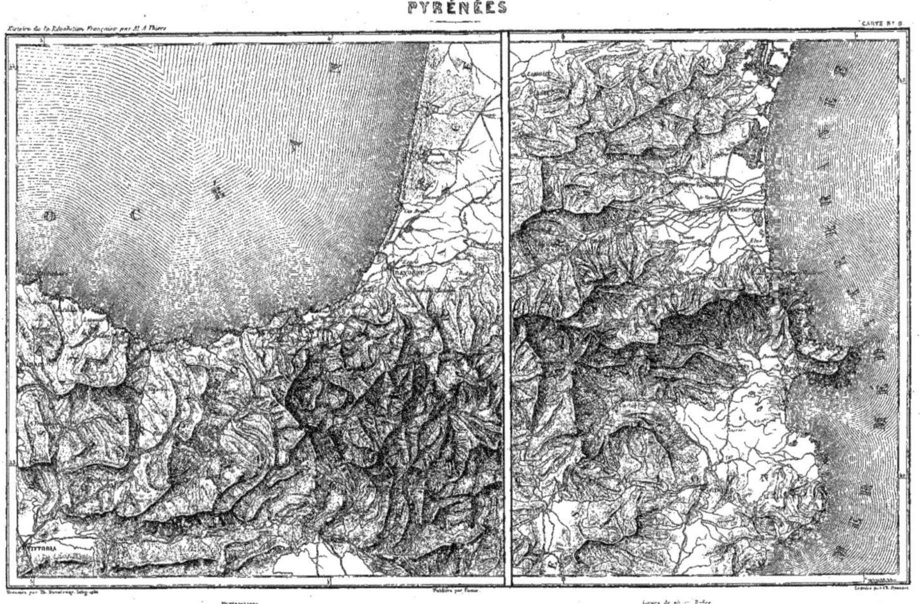

LYON

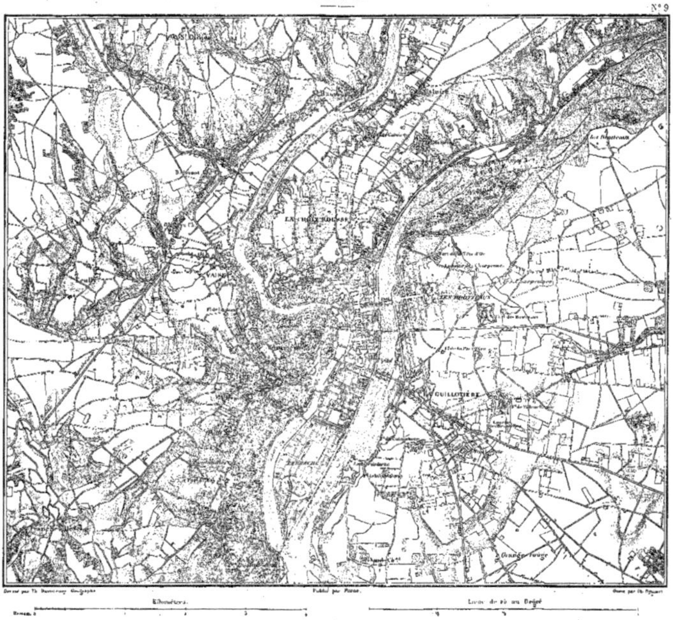

HONDSCHOOTE

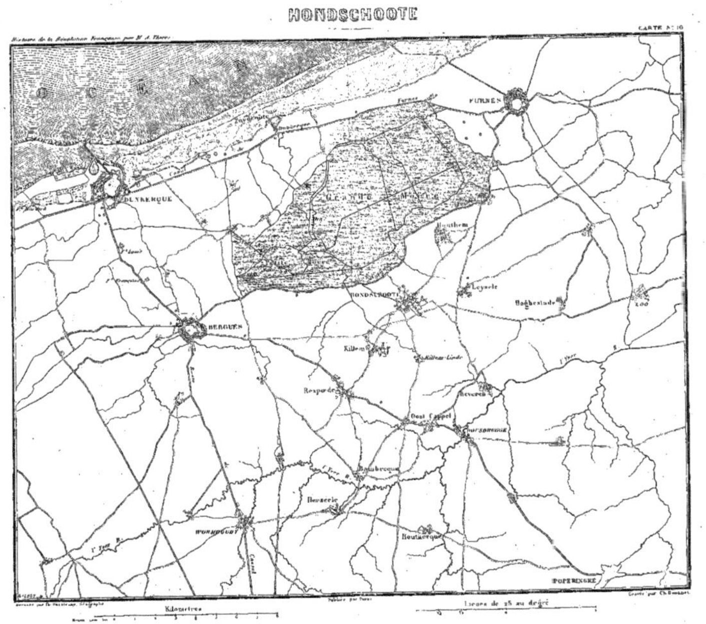

WATTIGNIES

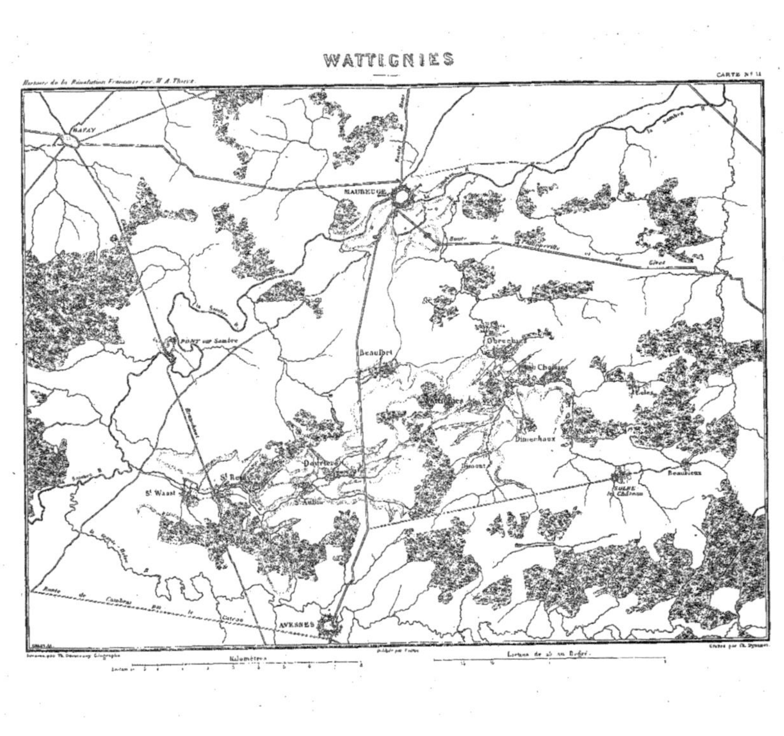

Histoire de la Révolution Française par M. A. Thiers.
CARTE N° 14
BAVAY
MAUBEUGE
la Sambre
PONT sur Sambre
Beaufort
Obrechies
Wattignies
St Waast
St Rémy
Dourlers
Aulnoye
Dimechaux
Dimont
SOLRE le Château
Beaurieux
AVESNES
Route de Cambrai par la Cateau
Kilomètres
Lieues de 25 au Degré.

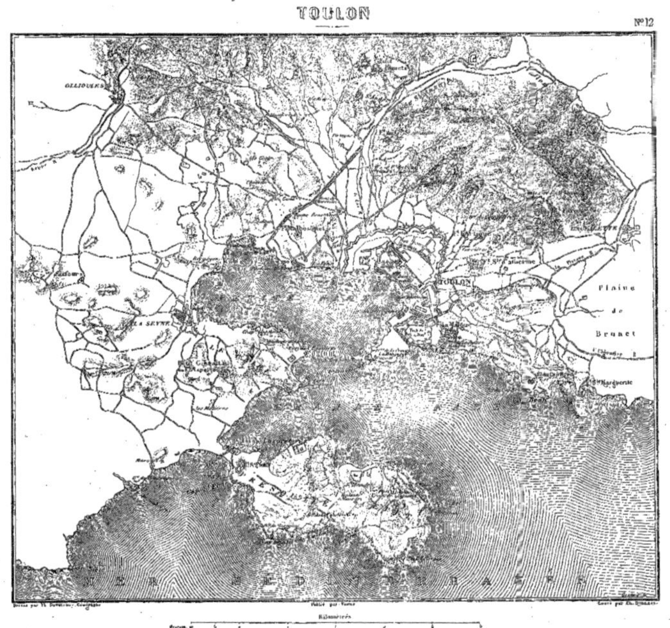

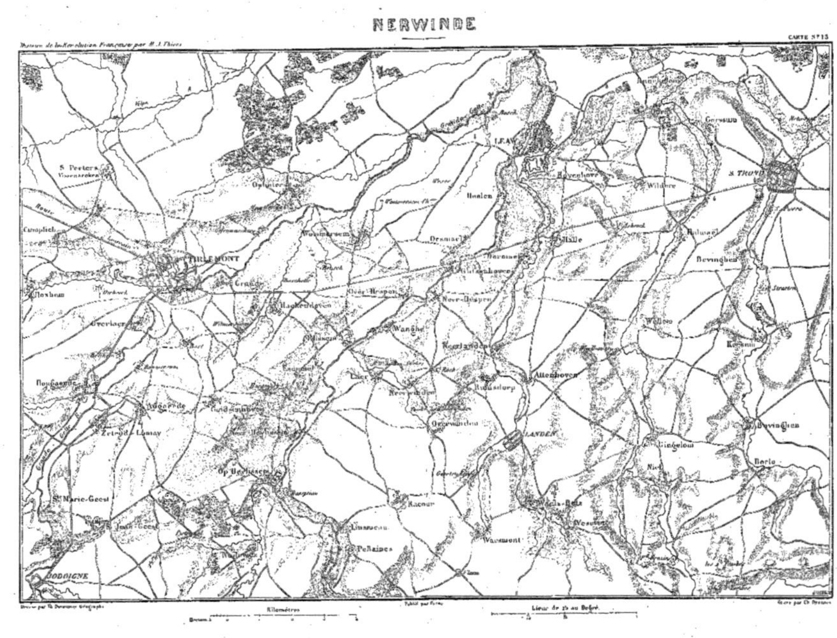
CARTE N° 15
Bataille de la Révolution Française par M. A. Thiers
TIRLEMONT
S. TRUYE
LANDEN
S.te Marie-Geest
JODOIGNE
S. Peeters
Viaenaeken
Ordingen
Oplinter
Halen
Dormael
Halle
Wange
Neerlanden
Neerwinden
Racour
Linsmeau
Pellaines
Orsmael
Altenhoven
Ghingelom
Corswen
Bevinghen
Overhespen
Neerhespen
Racour
Wasmont
Dessir par Ch. Dyonnet géographe
Kilomètres
Publié par Furne
Lieue de 25 au Degré
Gravé par Ch. Dyonnet

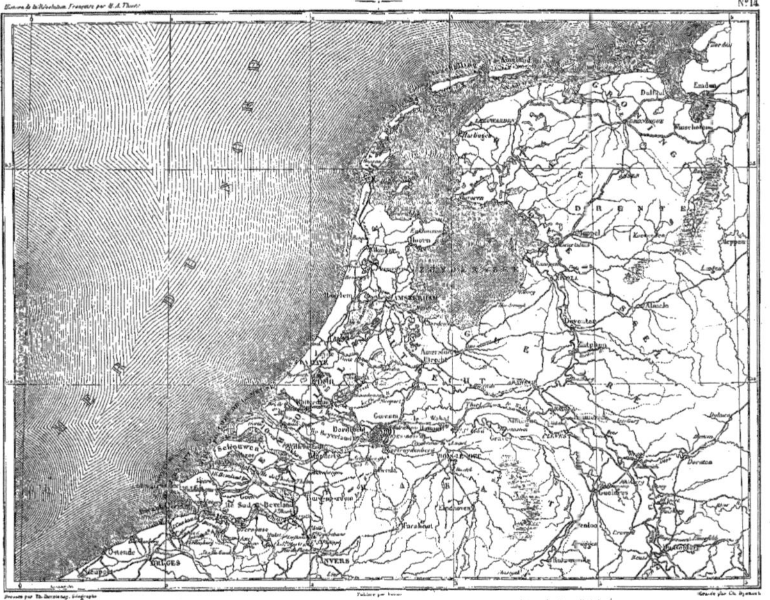

Œuvre de la Révolution Française par A. Thiers
MER DU NORD
ZUIDERZEE
AMSTERDAM
PROVINCES UNIES
DRENTE
Emden
Delfzyl
Harlingen
Leeuwarden
Groningue
Utrecht
Leyde
Harlem
La Haye
Gouda
Dordrecht
Rotterdam
Schouwen
I. Sud Beveland
ANVERS
BRUGES
Ostende
Nieuport
Bois-le-Duc
Breda
Bergen-op-Zoom
Tarakknet
Venloo
Ruremonde
Maëstricht

Dressée par Th. Duvotenay, Géographe
Gravé par Ch. Dyonnet
Myriamètres
Lieues de 25 au Degré

FLEURUS

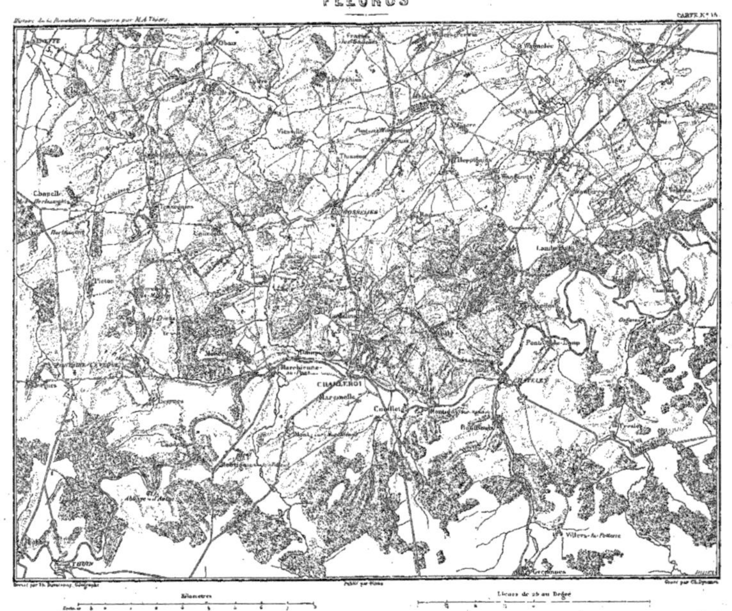

1795 PIÉMONT ET LOMBARDIE. 1800

MONTENOTTE-MILLESIMO

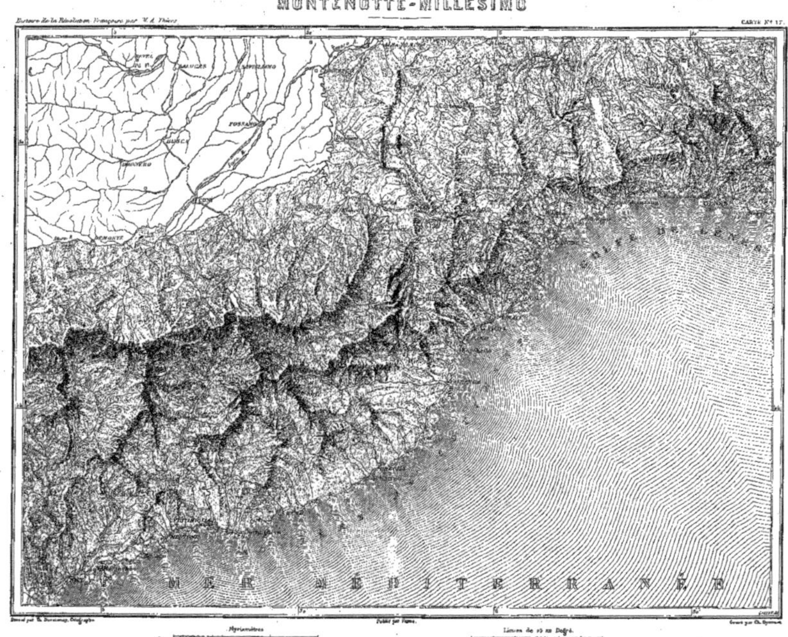

MANTOUE - St GEORGES - LA FAVORITE

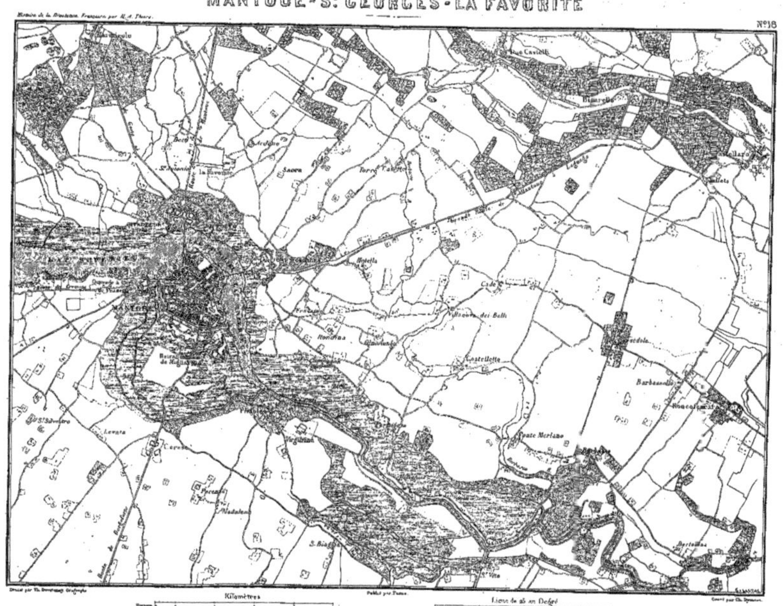

STRASBOURG

Dressé de la Frontière Française par M. A. Thiers
Ruprechtsau
Cimetière
St Urbain
Annelsheim
Rodersweier
Querbach
KEHL
Dorf-Kehl
Neumuhl
Kork
Montagne Verte
Sandheim
Meinau
Dressé par Th. Duvotenay, Géographe
Kilomètres
Publié par Furne
Lieues de 25 au Degré
Gravé par Ch. Dyonnet

ITALIE

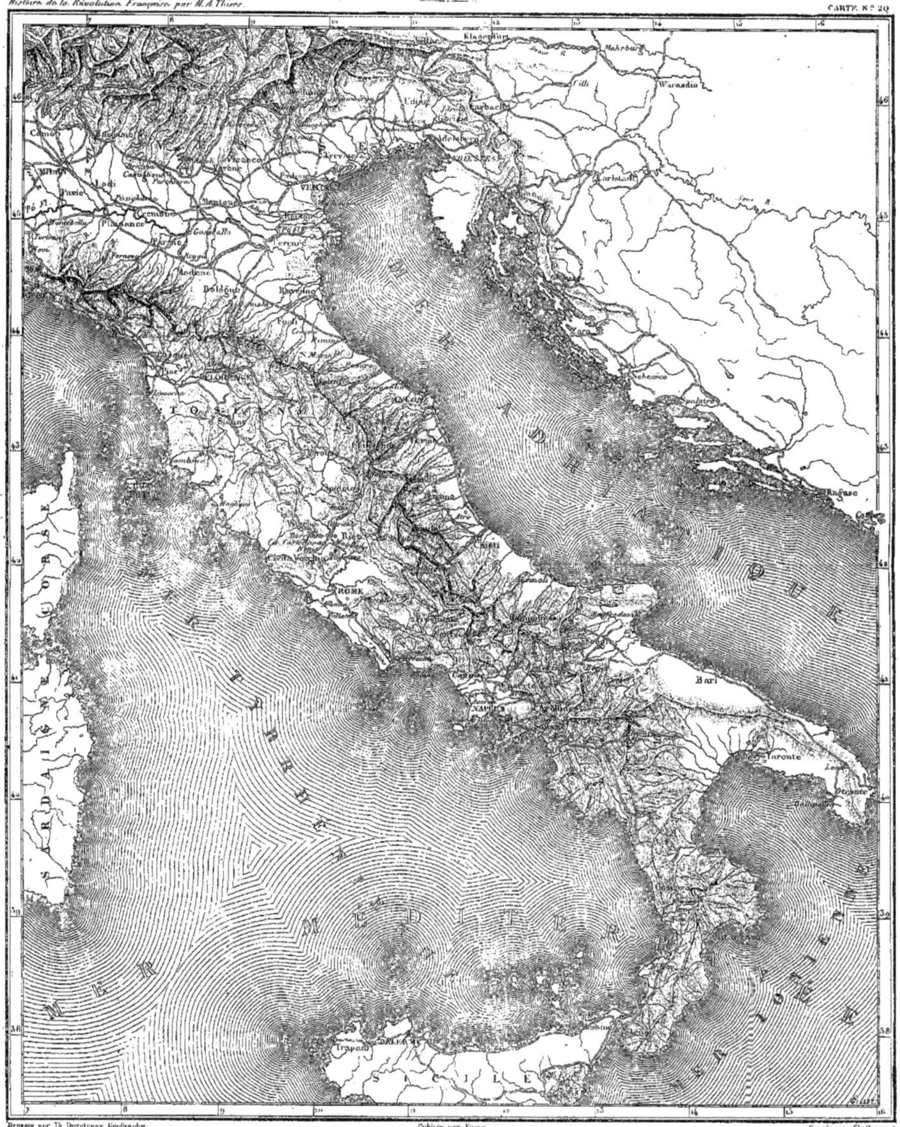

Dressée par Th. Duvotenay Géographe.

Lieues de 25 au Degré.

Publiée par Furne.

Myriamètres.

Gravée par Ch. Dyonnet.

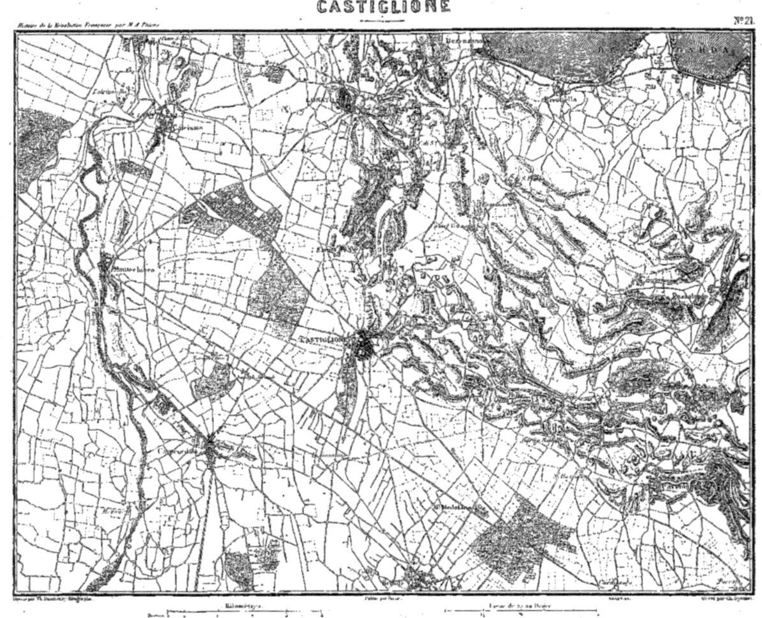
Histoire de la Révolution Française par M.A Thiers.
CASTIGLIONE
Kilomètres.
Imp. par Ch. Dyonnet, Géographe.

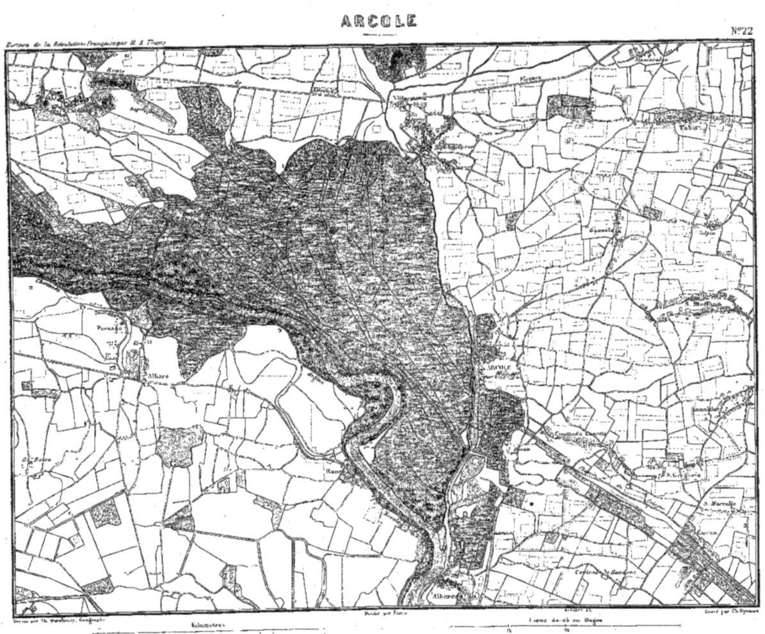
ARCOLE
Histoire de la Révolution Française par M. A. Thiers
Kilomètres
Dressé par Th. Duvotenay, Géographe
Gravé par Ch. Dyonnet

RIVOLI

Histoire de la Révolution Française, par M.A Thiers.

Dressé par Th. Duvotenay, Géographe.

Publié par Furne.

Gravé par Ch. Dyonnet.

Kilomètres.

Lieue de 2ᵏ ou Poste.

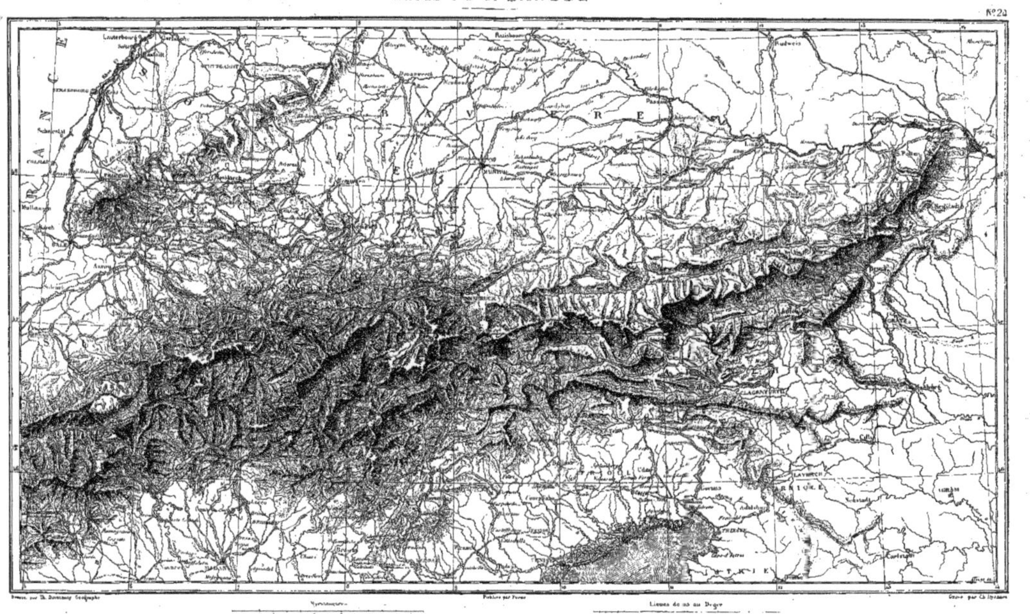

Dessiné par Th. Duvotenay Géographe.

Publiée par Furne

Lieues de 20 au Degré

Gravé par Ch. Dyonnet

VENISE

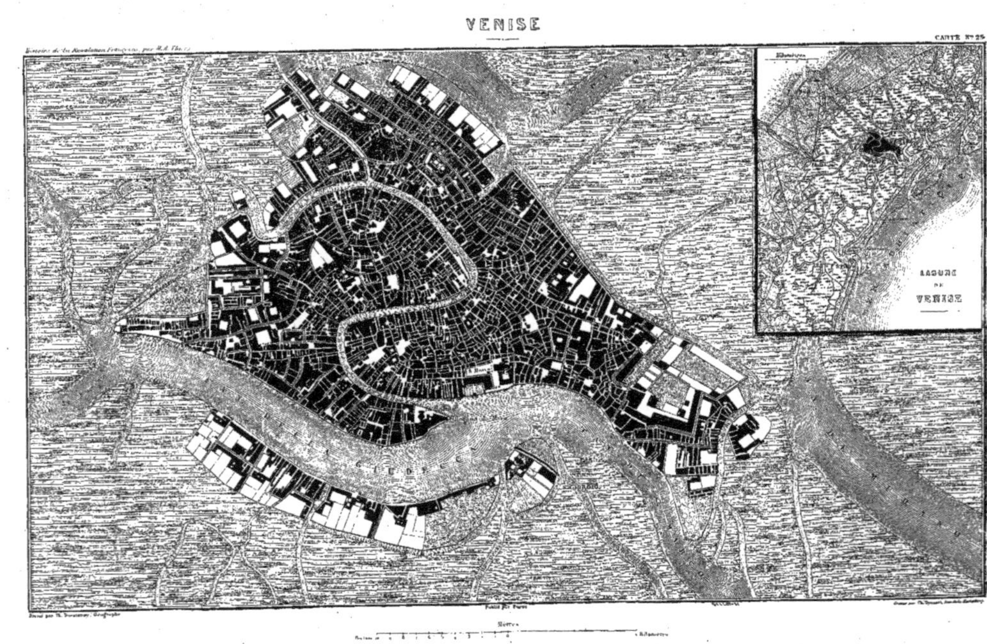

Histoire de la Révolution Française par M.A. Thiers
CARTE N° 26
CANAL DE MALTE
MER MÉDITERRANÉE
Myriamètre
Lieues de 25 au Degré
Dessiné par Th. Duvotenay Géographe
Publié par Furne
Gravée par Ch. Dyonnet

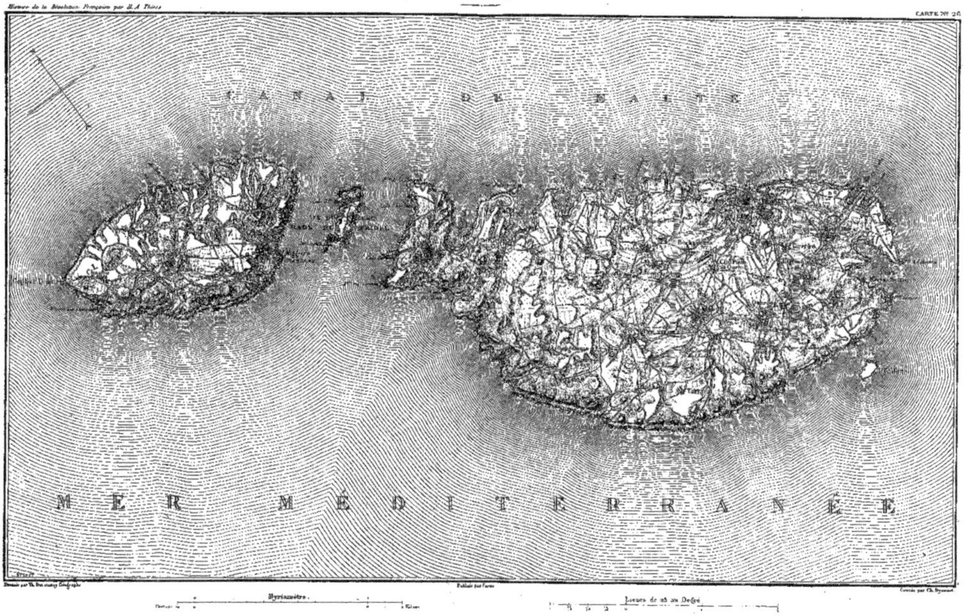

MER MÉDITERRANÉE
ALEXANDRIE
DAMIETTE
BASSE-ÉGYPTE
BIRÉH
LE CAIRE
MOYENNE-ÉGYPTE
OUTANIEH
Petite Oasis
Miniéh
Manfalout
Syout
(Lycopolis)
HAUTE-ÉGYPTE
Grande Oasis
Mont Sinaï
ARABIE PÉTRÉE
JÉRUSALEM
El-Khalil
GAZA
Péninsule
Mérith
Pays des Barabras
DAMAS

LES PYRAMIDES

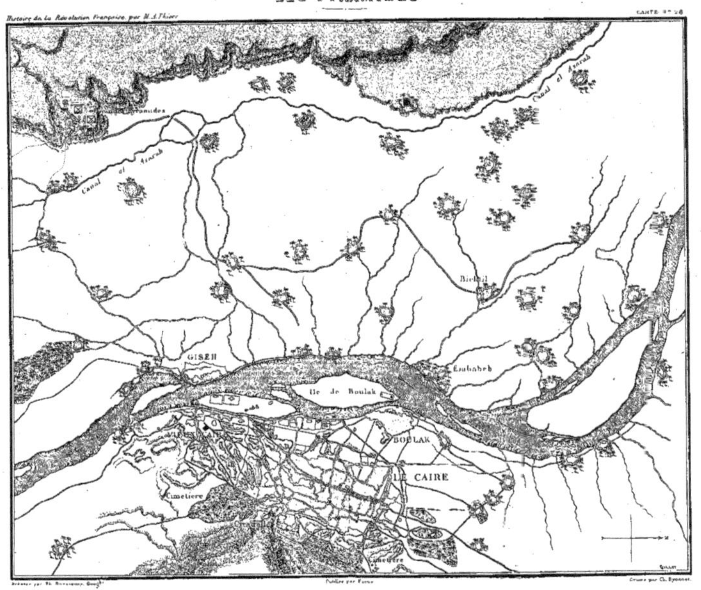

ABOUKIR

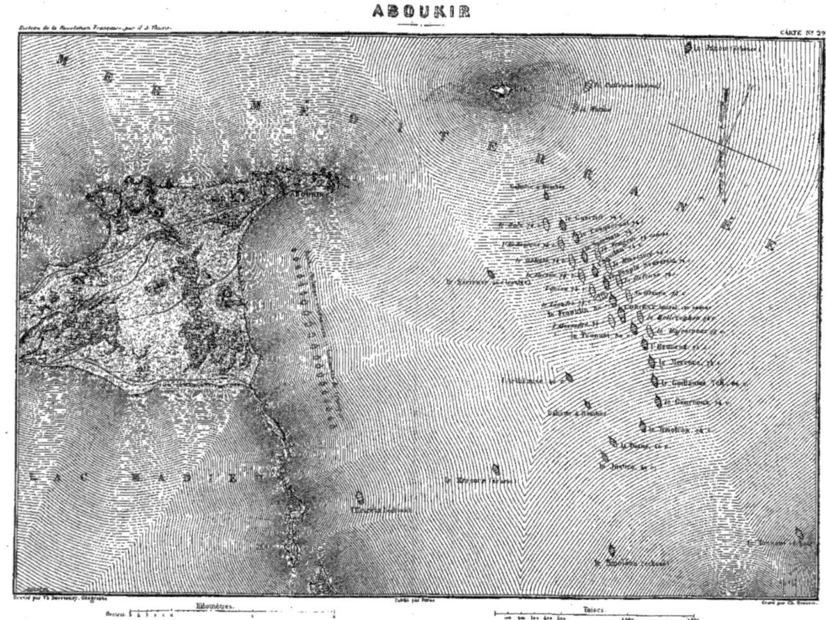

MONT-THABOR

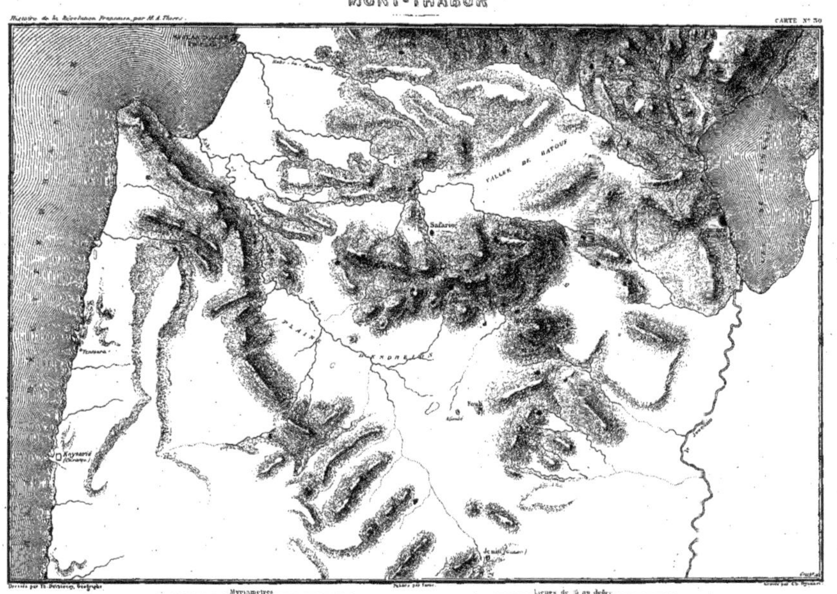

Dessiné par Th. Duvotenoy, Géographe.
Myriamètres
Lieues de 25 au degré.
Gravé par Ch. Dyonnet.

SUISSE

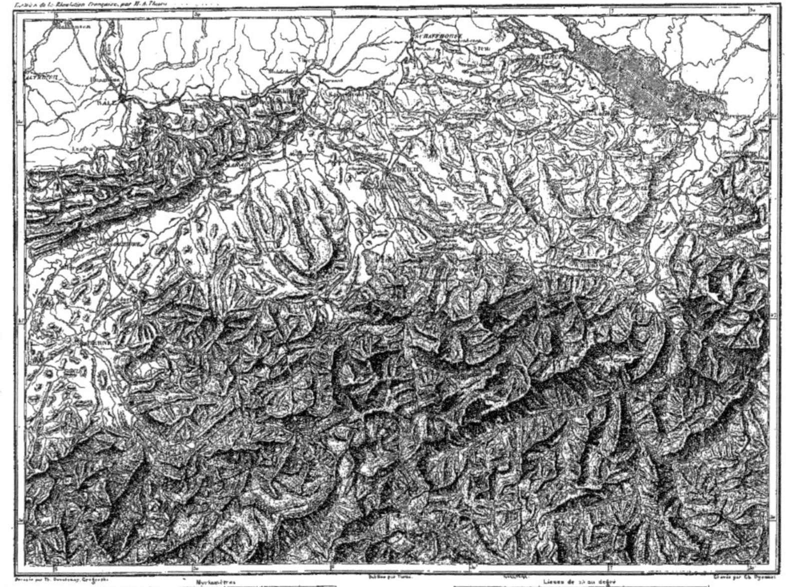

ZÜRICH

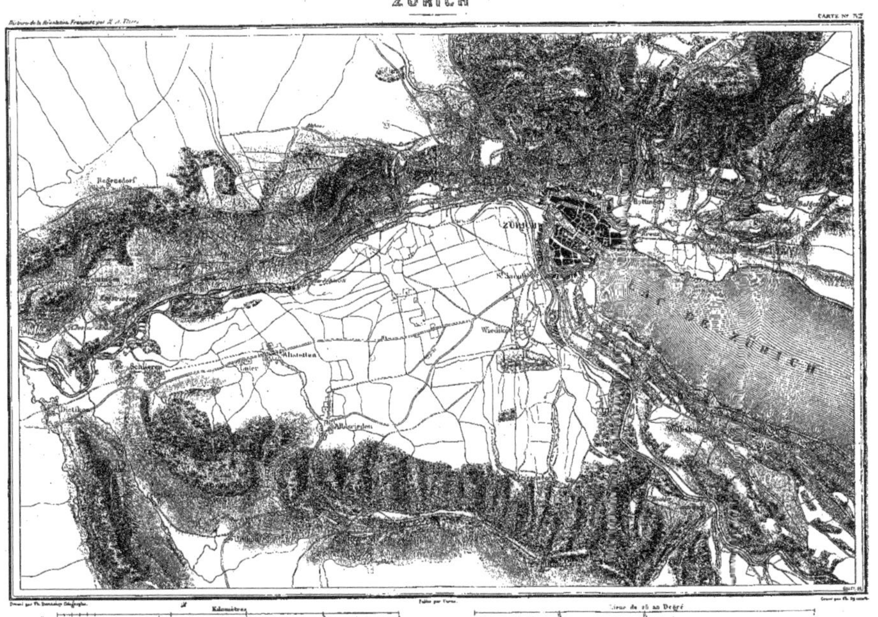

ZÜRICH
Regensdorf
Schlieren
Unter
Albisrieden
Wiedikon
LAC DE ZÜRICH
Kilomètres